당신과 나의 청춘

당신과 나의 청춘

이경후 시집

책나무출판사

| 시인의 말 |

이팝나무의 개화시기에 맞춰 철길을 걸었던 때가 있었습니다. 아름답던 개화의 시간을 떠나보내고 새로운 계절의 열기가 찾아올 즈음 화려한 신록 앞에 치열하게 살아가지 못했던 후회와 낙심이 몰려올 때가 있었습니다.

설레는 마음으로 분주했던 봄을 지워버리고 당신의 여름에게서 잊고 살았던 미완의 꿈들을 이루고 싶었습니다. 가끔은 소중한 이유가 되어주었던 희망을 이제는 많은 분들과 나누고 싶습니다.

2025년, 이경후 씀

| 목차 |

3부

4부

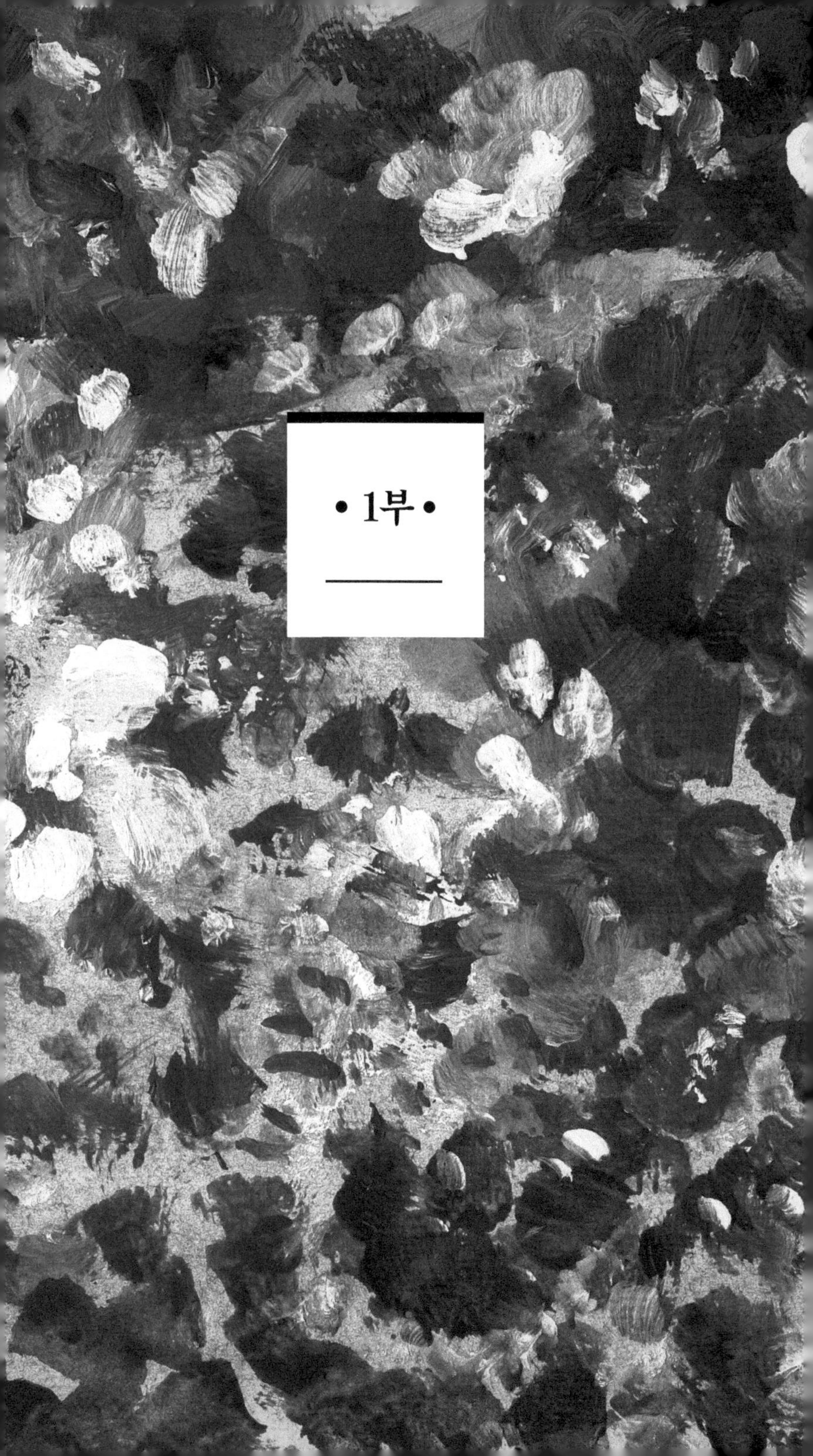

• 1부 •

변산

변산에 갔다

양지바른 언젠가 아메리카노를 나누었던 우리
면식(面識) 따윈 있을 리 없는 낯선 이와 어깨를 부딪치며

빛 한 자락 훔쳐내고
곁에 작다란 아이를 흘겨보았다

적적하나마 바람은 불었고
큰 짐승을 보았으며
돌아오는 길, 담배 하나를 물었다

이제 난 타오르는 한줄기
구름 기둥을 보았다

허나 머리는 쓸쓸했고
한 방울 눈물이 나왔으며
문득 하나님이 보고 싶었다

첫사랑

슬퍼요
이기적이 되어버린 나의 모양새

숨소리가 크게 들려요
정말 난 똑똑하고 자존감 있는
사람인 줄 알았는데

눈물이 자꾸만
당신의 얼굴을 흐려요

당신의 꿈꾸는 미래 앞에
잠시 잊혀지겠지만

곧 날이 밝고 아침이 올 거예요

사랑하는 당신
이젠 확실하게 중심 잡고 서주세요

그리고
웃어주어요

내면의 향기

어느 노교수님이 말씀하셨다
늙으면 몸에서 냄새가 나기 마련이라고
하지만 나의 생각은 달랐다
일신의 냄새보다 중요한 건
보이지 않는 관심이라고
젊은 친구들이 아무리 치장하고 향수를 쓴들
가슴에서 피어오르는 내면의 향기에 비교할 수 없음을
오늘따라 그 노교수님이 자꾸만 생각난다

비밀

알아요
당신은 내 앞에서만
유독 큰 소리를 낸다는 것

느껴요
당신의 과장된 말들은
모두 나를 의식해서라는 것

보여요
나의 눈을 피해 다른 곳에 시선을 두는 건
당신의 마음을 보이고 싶지 않아서라는 것

들려요
당신이 되뇌는
지극히 상투적인 이야기들은
나를 향한 열렬한 관심의 표현이라는 걸

이따금
개인적인 이야기로
당신에게 다가서려 하지만

힐난을 주고
통명스러워지는 건
나에게도 상처가 되는 일

당신은
충분히 아름답고 매력적이지만

자신에게 조금 더
관대해 보아요

이 세상에
당신의 고귀한 비밀을 간직한
유일한 사내는
바로 나이니까요

너와 나

네가 부럽다
넌 젊으니까

너는 아름답다
널 사랑하니까

너와 난
정녕 이루어질 수 있을까

락현이

어이! 어이!
이게 누구여
왜케 살이 쪘어
연락도 안코
잘 지녀?
번호도 바꼈도만
그려
가!

아름답습니다

같은 다리인데도
아주 모르겠다

별반 다를 게 없는 종아리
복잡한 생각이 든다

그대가 물어온다면
이렇게 들이댈 터이다

"왜 자꾸 보는 거죠?"
"아름답습니다"

아기 새

어미 새가 마중 나왔다
세상을 품는 건 너의 차지
힘껏 날갯짓을 해봐
너는 할 수 있어
멀찍이 떠났던 어미 새는
다시 아기 새를 찾아 용기를 내었다
사람들도 널 응원한단다
결코 혼자가 아니야
섣부른 날갯짓에 모두가 주춤
아기 새는 어미 새가 물어다 준
작은 버찌에 용기를 담아
힘껏 도약한다
누군가는 언저리의 이슬을 훔쳤다

내가 너만 했을 때

내가 너만 했을 때
어른이 되면
결혼부터 할 거라고
선부른 기대를 품었다

내가 너만 했을 때
학업을 마치면
서울대에 들어가리라고
아버지는 침을 튀기셨다

내가 너만 했을 때
대학에 들어가기만 하면
그동안의 인내에 필적할
최고의 공주님을 만날 줄만 알았다

내가 너만 했을 때
누구나 상경하면
자수성가하여
빛나는 일생을 누릴 줄 믿었다

절절한 소망은
더 이상 꿈꿀 수 없는
악몽의 기억이 되었고
나날이 곤욕스러운 생활이 되었다

시인(詩人)

그와 '게이샤의 추억'을 보았을 때 그의 입가엔 싸구려 위스키가 물려 있었다 기이하게 광인다운 해학으로 부산하던 차에 어떤 인생은 고개를 내저었고 집요하게 바라보는 정신 나간 인간도 보았다 눈 둘 곳을 몰라 혼란스러웠지만 시인 앞에 오직 점잖은 척 처신하는 일도 잊지 않았으며 나름대로는 시인을 향한 기대이자 보람을 찾는 데도 일조하였다 모질게 살얼음이 얼던 어느 날 눈보라에 맞서 작은 도시의 변두리를 찾아 선술집을 두드리던 때에 이미 난롯가를 차지한 늙고 추레한 부랑자들은 육두문자를 일삼으며 남은 탁주를 들이켰다 한구석으로 물러난 우리는 알 수 없는 고함에 조신하며 고고하게 술잔을 거들었다 학교에 유난히 재수가 없었던 그는 민주주의를 위해 헌신한 투사였지만 기실 두루 여인에 벅찬 일개 사내에 불과하였다 사실 난 그를 응대할 적마다 추앙에 가까운 경외심을 보였으나 쪼들린 살림 외에 그와의 술값을 감당하는 일도 짜증이 나기 시작했다 어쨌거나 그는 S대를 중퇴한 민주투사였으나 이제 살아가는데 이유가 없는 거만한 자가 되었다 말하자면 그는 시인이었다

아파서 그래

삼촌은 말수가 없어
아파서 그래

오빠는 웃기만 해
아파서 그래

큰아빠는 우울해 보여
아파서 그래

형은 착한 사람이야
그래, 아파서 그래

어머니의 홍조

십여 년 만에 어머니는 화장을 하셨다
오늘은 가족에게 특별한 날
나들이에 걸맞은 모습으로 용기를 내셨다
패인 주름 가까이 분을 바르시고
빠알간 루주로 멋을 부리셨다
그저 달라 보인다고
답답한 말들을 꺼내드렸지만
불그스레 피어나는 어머니의 홍조는
나의 귓불을 붉게 물들였다

숨구멍

나에게도 숨구멍이 있었다
가슴을 펼쳐 보일 인생이 필요했다
벅찬 불행으로 사랑과 마주쳐야 했다
꿈은 거기까지라지만
활짝 시작해야 할 일이 있었다
무엇보다 소중한,
선량한 우연을 가장하고 있었다
보잘것없는 인연을 갱신하고
싱그런 삶들을 준비하고도 싶었다
별이 늘어진 가을 녘에도
늦어지지 않도록
아름다운 하나를 정하고 싶었다
민망하고 불순하지만
나에게도 숨구멍이 있었다

사랑합니다

듣지 않아도 보지 않아도
심지어 만지지 않고도
건넬 수 있습니다

선잠에 빠진 그대의 얼굴에
슬그머니 미소가 그려집니다

갖은 타박과 짜증에도
결코 멈추지 않을
열렬함이 있습니다

오래도록 힘 있게 속삭입니다.
그것은 사랑이라고

언제나 당신과 함께하겠습니다
사랑합니다

인터뷰

그렇다면 묻겠습니다 지속적으로 훔쳐보았던 까닭은 무엇입니까—다들 그러는데 문제 삼을 일이 있습니까—혹 난치성 질환으로 약을 복용하는 걸 알고 계셨습니까—약을 먹는 건 지켜보았지만 아무 문제도 없어 보였습니다—도대체 당신은 무엇을 잘못했다고 생각하십니까—우선 프라이버시를 침해했고 하지만 그 행위가 범죄가 되는 줄은 몰랐습니다—어렵게 지내면서도 무엇을 위해 버텼다고 생각하십니까—몇 차례 살폈지만 별다른 문제는 없어 보였습니다—몇 번이나 훔쳐보았습니까—매번 그렇지만 훔쳐보다니요 그냥 보는 것이 좋았습니다—어떤 이유로 웃고 힐난을 주었습니까—들렸나요 어려 보이고 아둔해서 가끔 타박을 주었을 뿐입니다—이번 미수에 대해 책임을 묻는다면 어떠한 태도를 취할 예정이십니까—이런 경미한 문제가 별일 있겠습니까—앞으로 어쩔 작정입니까—당사자가 떠나든지 다수를 위한 방법을 찾아야겠지요—다시 한번 묻겠습니다만 도대체 무엇이 잘못된 것입니까—잘못된 것은 없으며 지대한 관심이 있었을 뿐입니다

어둠보다 낯선

너를 얼마나 혐오스러워하는지 모른다
별다른 죄책감 따위는 없다
단출한 마음에 너를 방출하련다
너와 나는 살아가는 정의에 있어 다르다
유독 너만이 우연을 이루고
고고하게 사는 일이
가슴이 시리도록 애매하고 그렇다
너와 짝을 이룰 바에는
음흉하게도 너의 뇌관을 탐하고 싶다
우리가 폄하하는 너의 뉘앙스는
풍진 속에도 피어나는 들꽃
바보처럼 일갈하더라도
변질될 수 없는 방자함을 이해해다오
준비되어진 것은 아무것도 없다
잊기 위해 돌이킨다지만
멋대가리라도 없을 판이다
적절치 못한 텃세란 치졸한 허세
여자처럼 한숨을 품어라
적어도 인정 있는 저잣거리에
사랑도 돌아오는 법이다

밀려오는 쓰나미에 쓸릴 법도 하지만
바라는 것은 낯선 일에 묻어도 가는 법
죽고 사는 일이 운명에 달렸거늘
어둠은 들이치고
일기가 심상찮은 종일
저녁엔 적조하게 낙조를 듣는다

섭씨 0℃

하루 그리고 이틀 사흘 나흘
기척 없이 넘나들던 기다림
떨어버린 일생의 양분 속엔
쓸쓸한 계절이 묻어 있었구나
무릇 자신에 찬 소리로
흐릿한 눈빛에라도
뜨끈한 정을 나누어야지
무료한 하루가 일상이 되었던
어제와 닮은 오늘에서도
빛에 이을 수 없는 영성(靈性)은 시들어가고
여지껏 빚어내는 갈취에도
해갈의 방도를 찾아야 할 듯싶어
겨울이 윙윙 울어
새벽으로부터 아침이 동한다
언어를 잃어버릴수록
시각은 흐릿해진다
현세의 시간, 여섯 시 십팔 분
유에스에이 버릇없는
아메리카의 처녀가
나의 덜 마른 복화술에

오케이

비위를 거스른다

지금의 온도는

섭씨 0℃

한데의 겨울 한복판에

여태껏 그녀는

나를 기다리고 있겠지

부모

부모 잘 만나
사업체 거느린 넌
매주 나에게 묻는다

요즈음 뭐혀
그냥 그렇지 뭐
뭐라도 히야지
자격이 안 되어서

가슴 아리고
절절 끓는 외마디

감히 돌이켜 앙망해봅니다
사랑하는 나의 부모님

사내

그렇지 뭐
안 그래도 그래
여인에 매달려
저 주름 잡는 거 봐
누구 보라고 그러는지
아무 데나 으스대며
주인공이고 싶은
당신은 사내

선물

컴퓨터와 전화기
그리고 기피했던 커피 한잔
사람들을 지워야 한다
기어이 새벽을 들고 와
나를 미혹하게 한
아침의 선물
“여긴 어떻게 들어왔데”

썩을놈

모르는 사람 읍써
넘들 다 그러는디 어뗘
도대체 왜 그러는거여
싸우면 되지
아프데
한번 건드려보까
사람은 좋디야
이런 썩을놈들

• 2부 •

상처

싸매고 싸매어도
얼룩져 번지어진
악몽과 같은 콩트

창일한 육신 위에
한철의 바람으로
위안 삼던 기억

누가 누구에게
짐 지웠던가
막막한 사위들을

바람에 뉘일지라도
일갈할 수 없을
상처들이여

불청객

도망하자
얼큰히 눈을 닫고

바라보자
금단의 세상을

애당초 세상이란
한 꺼풀 비늘과 같은 것

밀려나도 벗기어도
떠날 줄을 모르는 조소는

주위를 살펴보아서야
눈초리가 납납해지는 것

누군가의 강압보다는
자발적인 결단만이

잘못된 청사(靑史)를 바로잡고
인류의 오도(誤導)를 깨우치는 일

얼크러진 혼돈 속에
초대받지 못한 명예는

결단코 사라지지 않고
한없는 불꽃으로 남으리

형님

빛을 걸러낸 반지하에
오늘도 웃음꽃이 뿌옇네요
자유롭지 못한 손가락을 감춰들이며
이제 전역하여 가족을 건사해야 할 아들의 자랑에
극진하게 구슬땀을 선사하던 당신
별나게도 만난 퇴근길의 노정 속에
한사코 담배 한 개피를 권하네요

오늘 보았습니다
응급실 앞 후줄그레한 마당에
굶주린 영화(榮華) 속의 당신을 바라보며
왜 이렇듯 험한 데를 고집하느냐 다그칠 때면
이 손가락으로 무엇에 쓰겠냐며
떠난 형수를 입 마르게 치켜세우던 당신
정말 건강하십니까
늘 보고 싶었습니다

아이

노곤한 유월의 햇살
아이 하나가 왈칵 달려들며
어느새 손소독제 하나로
나름의 유희를 삼는다
다시 만날 거라
설부른 몇 마디에
까르르 웃음으로
화답하는 아이
그래 내일이 되면
내일의 태양이 뜰 거야

바람

한 때의 지나가는 바람
꾸미는 재기가 없어
망설이던 끝내
놓아야지 하면서도
한 때의 소망과
설레던 소식을
건네준 당신
고마워요
잊지 않을게요

가을

파르르
전율하는 이파리
점점이 박히어 오는 초상
졸음에 취한
사람들의 휴식 곁에
여름내 묵었던 바람

구름다리 건너
높이높이 날아오르는 새야
발돋움해야 할 길목
아쉬웠던 비난도
반짝이는 가을과 더불어
과연 나와 비슷하구나

망각

잊혀질 일이 추상같은데
감춰진 신념을 만끽하고 있다

비워낼 흔적인데도
과거와 맞닥뜨릴 때면 꿈틀하는 경련

벗어버리기 위해 누려야 할 성장
깊어진 새벽은 그새 한기를 품는다

편만하게 고독을 일러준 인생의 정점에
일상의 호흡은 가늘어지고

상상의 발걸음을 내디디며
빛나는 진리와 만난다

얼크러진 구름과 조우하여
해갈(解渴)을 담은 낙조를 헤아려보지만

고요할수록 비범해지는 침묵
망각의 표면에 살포시 내려앉는다

당신과 나

당신의 번뜩이는 재치로 유쾌합니다
기품 있는 그대의 눈가에 번지는 웃음
예사로운 언사에도 얼굴을 붉히던 당신
이렇게 나만이 앞서가는 건가요

빛나는 그대를 위해 만족합니다
관심을 쏟아주는 당신의 따뜻함으로
철딱서니 없는 아우성에도
남다르게 호흡합니다

당신의 비뚤어진 자취에
때때로 몸 둘 바를 몰라 두런대지만
조금은 격조 있는 이야기와 성정으로
들썩이는 나를 상상해 주세요

햇살 피어오르는 계절의 한복판
끓어오르는 환희 속에서
같은 곳을 바라보고 나아가며
우리가 바람직한 낙원을 이루어낼 수 있기를

고독

얄팍한 계절의 초입에도
한기가 몰려온다

원하지 않았던 비애가
나의 눈을 덮고

뜻하지 않았던 무력감으로
귓가는 흐릿한데

보이질 않는 소란을 떠나
회복의 말들을 추렴해 본다

그리 아니하실지라도
행여나 좋아 보이던 것들

설령 뒤엉키지 않았더라도
본래의 회귀는 없었을 것을

널찍한 소망을 품어
멀찍이 내다본다

부러진 화살과 추락한
애꿎은 인연

불온하기 짝이 없는 고독

꿈

문득 길을 잃었다
나른한 계절의 잊혀진 기억

아이는 무럭무럭 자라고
어른들은 이기심을 키운다

흐르는 대로 덧입는 것이 세월인 것을
이유 없는 사유 밖의 소리만이 분분하다

헛된 꿈은 자만을 부르고
극성스러운 고독은 낭만을 짓는다

꿈을 꾸는 자만이
미래의 사고를 키운다

말끔하게 누리를 밝히던 불빛 하나
당신의 꿈과 맞닿아있다

친구

지금도 시를 쓰고 있니?
혹 열심이던 교회는?
너를 오래 지키지 못해서
너에 대해 깊이 알지 못해서
이제는 널 만날 수 없는 나를 용서해다오
그렇다고 그래도 네가 보고 싶다
그때로 돌아가
입술을 깨물며 네게 회개하고 싶다

얼굴

그리운 얼굴
다시 만날 수만 있다면

아쉬운 기억이야말로
선뜻 돌이킬 수 있을까

버젓이 담아두리라
보배로운 저 불빛이여

일찍이 네가 나였으나
스스럽던 계절

묘연한 술잔 너머
너의 얼굴은 더욱 흐릿한데

넘치도록 풍요로웠던
환희의 그 자리

하늘만치 해맑았던 우리의 환상을
꿈꾸며 듣는다

가슴에 드리운 그리움
이제는 그대를 만나고 싶다

여행

하늘이 노랗더니
사람들의 얼굴조차 노랗다
창밖의 풍경에는
산도 있고 구름도 많다
자지러진 햇빛을 지나
터널까지 절찬리 보듬어주니
세상은 아직 까마득하다
비교적 좋지 않은
날씨를 틈타 외출한 건
처절한 마음을 방생하기 위해서다
칼바람에 전신주가 울어대고
널리어진 거리를 앞서거니 뒤서거니
불편한 출타길에 잠시 끄적인다
새벽을 버리고 낮추어야 할
지금은 오로지 낯선 것들을 아낄 때다

각오

해갈의 실마리를 풀어야 한다
모든 것은 픽션이거나 사설에 불과하다
거룩한 음모를 어필하기 위하여
오로지 살아남아야 한다
혈육으로부터 멀어지는 건
막역한 상처들을 부려놓은 탓
오늘 밤 몇 번에 거스려
상식에 배반하였고
정도를 잃어버렸다
진위의 시비는 드러나기 마련이기에
유별한 청춘을 입었고
후줄근한 뜨내기가 되었다
간곡한 언질 속에 돋아난 가시는
까다로운 순삭을 키우고
나는 각오하였다
어디서부터 그릇되었는가
치명적 알코올과 견주어
수려한 며칠을 살았다
허투른 삶을 약속하였건만
모든 각오는 평이하지 않았다

이상한 사람

이상한 사람이
이상한 이야기를 한다
그의 이야기를 통해 개별의 나를 반추하지만
그의 이야기 속에서 어림잡아
지난날의 나를 바라본다
파리한 눈동자를 맞대고
때때로 그의 손을 꼭 잡아주었다
악의 사슬을 끊어달라고
더 이상의 나락으로부터
그의 이름을 건져달라고

흙빛 그림자

그를 보았다
결코 뇌리에서 잊혀지지 않을
지나치는 흔적에게서
길게 여운을 던지고 간 그대
구름은 파리하고
태양은 광란하는데
어느새 지워지지 않는 그를 보았다

아침

달그락달그락
여기저기 울리는
아침을 향한 숟가락 소리
자식에게도 한 조각
베어 물리는 사랑
이만큼 보기에
뿌듯한 소리도 없다

제비

제비 노니는 천변가
억센 잡초 사이로 푸짐한 바람이 분다
고택의 처마 한적한 곳에 깃들어
허기진 아기 제비
쩍쩍 주둥이를 벌리는데
참으로 오랜만에 보는
제비 떼의 호사에
마음일망정 파릇파릇하다

우중연초(雨中煙草)

추적추적
물방울이 비리네

뜻밖의 우중 산책
하늘은 삼경인데

정적을 지우는
어두운 사람과 다시 한 사람

가슴으로부터
끓어오르는 한숨은

여간해서는 새록새록
잊히질 않네

응급실

본인 몸은 선생님께서 더 잘 아시겠지만 병원에 계시면 의사의 책임입니다. 잘못하면 사망에 이를 수 있습니다. 입원하셔야 합니다/ 약 좀 먹고 추스르면 좋아지니 약이나 처방해 주세요/ 몸도 뜨겁고 장기가 좋지 않은 상태입니다/ 그렇다 하더라도 가야겠습니다/ 아무리 그래도 의사인 제 말씀을 들으셔야 합니다

가을비

은빛으로 부서지는 아스팔트
가을비가 기세 있게 묻는다
어느새 하늘은 지척인데
오늘은 어떠한 마음으로 하루를 담을까
언뜻 스치는 인연에 불과한
뜨내기의 예의 없는 한마디가
이렇게 가슴을 후벼파는데도
가을비는 아직 아득하구나

넉살 좋은 친구

부친을 서둘러 여읜 그는 나의 아버지를 극진히 섬겨 여행도 같이하고 식사도 대접하겠다며 우리의 불편한 심사를 건드렸다. 일부러 같은 사우나를 찾아와 뜻밖의 인연을 고사하는 그에게 의혹의 시선을 뗄 수 없었으며 당신의 고귀함과 우리의 고민으로 대개의 머리는 평행을 달리고 있었다.

불꽃놀이

딸랑구 하나 품고 싶다
이글거리는 불꽃 속으로
화약이 떠나간 자리
구름을 삼키고 싶다
너와의 푸념과 짜증도 좋다
번뜩이는 붉은 비늘 사이
넘실거리는 눈 부신 빛의 향연
너와 나에게 닥친 망각의 시간
뒤숭숭한 도시의 밝은 저녁
담백한 하늘에 넘치는 웃음소리
다만 그리 아니하실지라도
딸랑구 하나 품고 싶다

산책

욕지거리 난무한 거리
세 치 혀를 밟으며
오늘도 꿋꿋이 천성을 향해 간다
사람들이 별종으로 일삼는
혹여 외계로부터 추락한 나에게
관심과 혐오는 가슴을 피폐하게 한다
어디로 가야 하는가
눈물에 얼룩진 바람이 흐른다
비로소 잔인한 하늘은 어디까지인가

소년

그러고 있으면 얼굴 팔려. 주인 할매는 일러주었다. 그것은 급작스로운 데뷔의 서막에 불과하였다. 여성은 어디에든 출몰하였다. 다만 그럴듯한 사유와 도리에 무지했을 뿐. 쓸쓸히 그녀에게 이별을 던지고 농익은 동기와 풋사랑을 잃었다. 열기가 사악해질 즈음 주위의 만류에 유일한 절망을 알았으며 늘어진 사지를 떨었다. 지독히도 운이 없던 나에게 하늘은 푸른 덫을 보여주었고 간난은 끊이지 않았다.

공원 1

잎사귀 사이
낙하하는 새똥
재수가 없으려나
자세한 품격과 사설을 벌이자니
여간 신경 쓰이질 않네
성하지 않은 몸을 이끌고서
햇빛을 쏘아보며
유쾌하게 덕담을 풀어놓는
초로의 신사는 거듭
나의 건강을 빌어주었네
낙엽이 쏟아지고
한적해진 공원 언저리
퇴근 시간을 재촉하여
분주해진 한 사람

공원 2

우수수 부서지는 바람
붉디붉은 흔적만이 남았네
마실 나온 손님이여
늦가을의 홍취는
이제부터 시작되는 것을
구름 한 점 없는
무고한 하늘 아래
한가로이 붙박힌
사람들의 물결
꿈꾸는 가을 녘의 초상

그때는 몰랐어요

그때는 몰랐어요
당신과의 우연으로
뜻하지 않은 꿈을 품게 된 것을
당신의 눈물이 쏟아진 거리에
끔찍한 회의가 지나갔었고
작심한 듯 무례한 기억을 잡아두었지요
한낱 모자란 나의 입술이
당신의 상처가 되리라는 것
그대와의 어리석은 흔적은
언제나 가슴에 남아있었어요
무릇 그대가 간절할 때면
언제나 이기적이었던 나를 반추해 보지만
가슴 속에 담아두었던
당신과의 따스한 열기는
여전히 나를 설레게 합니다

별리

오고 가는 계절
무르익는 꿈결 속
고루한 주체의 한마디
침울한 어둠은 걷히고
세상과의 밀월도 잠깐
장밋빛 호사를 꿈꾼다
비릿한 사고를 달래어
오늘도 텁텁한 하늘을 벗는다
어리석은 이별이여
속절없이 사라진 이름이여
홀연히 마주하는 아침이면
간절히 너의 이름을 부를 수 있을까

개벽

더러운 입술엔 담지 말아야지
의혹의 눈초리에 몹쓸 아우성

한눈에 알 만한 차림새인
측은한 홍안의 신사

거꾸로 얼굴을 들고서
하늘을 향해 추락한다

밀려오는 새벽을 부수고
세상은 진보한다

옥체는 강녕하신지요
각별한 세상이 밝아온다

봄날

새가 날아든다
온갖 잡새가 날아든다

노래하자 꽃서울
춤추는 서울

기억은 저만치
세월의 담금질에 괘념치 않는다
보석 같은 봄날
여인들은 넘실거리며
백발이 성장하도록 노인은
아름다운 고백을 주고받는다

할머니는 아흔하나
자꾸만 움켜쥐려는 손아귀에
봄이 피어난다
누군가의 입가에
한 아름 빛나는 꽃이 된다

물안개

굽이굽이 치명자산*
허리마다 산안개가 피어오른다
연무에 싸인 조상(彫像)은 나타나지 않고
목 놓아 우는 개울은 막힌 곳을 떠나서
밝아오는 하늘과 짝지어 흐른다
적요에 빠진 고택은
인기척마저 보이질 않는데
바람에 쓸리는 작은 새는
뭉클한 비명을 쏟는다
하루의 시작은
한날 고정되어 있을 뿐
따끈한 햇살은
날카로운 기적과 같네

※치명자산: 전주시에 위치한 천주교의 성지

• 3부 •

나의 하루

말수가 줄었다
진해진 태양
불손한 하늘을 청하여
아련한 꿈을 좇는다
흐르는 대로
구르는 대로
궤적을 그리는 삶
인생은 하늘을 품는다

양들의 침묵

침묵을 향한 시금석
모두가 비겁하였다

잃어버린 양에게도
짓밟힌 소망

바람은 자만하지 않았다

하늘이 읊고
대지를 잠식하였던
지독한 피로가 밀려와도

흔들리지 않는 침묵의 바다
세상은 결코 우발하지 않았다

누군가의 상처로부터 비롯된
이기적인 삶의 이야기

환절기

바람아 불어라
붉어진 눈동자는 가려두고
비상한 꿈을 펼치라

태양이여 부르라
얼기설기 바래어진
불편한 일들의 진실은 들추어라

볼썽사나운 여름은 뿌리치고
눈부신 가을의 채비에 힘쓰라

봄 여름 가을 겨울
계절이 순환하듯

빼어난 난관에 서서
아름다운 기회를 잡으라

담배 피우는 여자

불편한 기운을 게워 내는 그림자
여자의 기겁할 만한 굴뚝 속엔
얼마간의 이야기와 곡해가 남아있을까
단언컨대 구름과자 사이 피어오르는 아우라여
아직
게다가
여태
기만하여 낙오하였노라

비망록

웃는 여자를 혐오할 때가 있다 여태 별 볼 일 없었을 뿐이다 더러운 입술로 거들먹거리는 자여 자발적으로 주위를 살피라 여름이 만개할 무렵 장미는 무너지고 노인의 불편한 걸음 속에는 모든 이해가 녹아 있다 어느덧 볼품없는 늙은이가 되고 말았지만 까닭 없는 그의 웃음 속에서 난잡한 광기를 보았다 세상에는 좀처럼 통하지 않는 이야기들이 있으며 불의가 득세하는 세상이 존재한다 지독히 하찮고 어리석은 내가 할 수 있는 일은 무엇이 있을까 나약한 세상은 무료한 까닭으로 악화일로에 치닫고 있다 모든 것은 그로부터 비롯되어지고 그로 인해 마무리 지어질 것이다

당신과 나의 청춘

부아가 치밀어 오르는 오후
바람이 살아나고 비라도 묻어온다면

기억을 차지한 또 다른 기억
떨어내야 할 사고는 비웠다

갈급하고 아릿한 이유만이
다급한 형편을 가를 때가 있다

넘치는 추억으로 과분할지라도
청춘만은 재생하지 않으리

뿌옇게 피어오르는
어머니의 새벽으로부터

비로소 자유로울 수 있었던
당신과 나의 청춘

번뇌

산 위에 번지는 한 때의 구름
번뇌의 하늘을 정리하며
하루를 걷는다
비가 사그라진 뒤의 하늘은
몹시도 싱싱하여
거처할 집에 이를 때면
다시 똬리를 틀고 살아야 한다
그리운 집이 또 괴로운 것은
진실이 나로 분개하게 하였음이요
사람의 인내가 무너졌음이라
다시는 개개의 착란에 흔들리지 않으리
오직 마땅한 안색을 꾸미고
그대의 아름다운 사유에 입을 맞추리

용서

햇살이 번지는 찬란한 강가에
빛나는 오욕의 말들이 쏟아진다

부옇게 속닥이는 밤의 하늘과
별 하나 찾아볼 수 없는 독선의 공간엔

날린 기억 하나 남아있지 않으며
침묵을 기다리는 마침표 하나 없어라

돌아보기에 산란한 시간일수록
으레히 냉랭한 바람과 맞서게 되고

흠씬 가리워진 고민들을 불사르며
씩씩하게 비상해야 했다

청렴의 가치를 붙들고서
영혼의 불씨를 살리는 데 전념할 때

바야흐로 이제는
너희가 초개와 같이 살아야 하리라

그럼에도 불구하고

그럼에도 불구하고
번듯하게 살아야만 한다

분명한 기억을 불사르고
남아있는 고독의 편린들을
불구의 계절에는 만끽하여야 한다

격조있고 은근한 사랑이야말로
까마득한 우주의 비밀처럼 찾아와서
검은 눈물을 뿌렸다

혐오의 칼날이 눈앞에 박히고
심령의 근심으로 열기마저 쇠잔할 즈음
비로소 싸늘한 주검은 드러나리라

망가진 기억의 실타래는 풀어야 하며
부조리한 행태는 고스란히 비워야 한다

그럼에도 불구하고
번듯하게 살아야만 한다

나그네

아른아른하는 사이
고약한 한숨을 놓아버린 아이

추악한 허물마저 대수롭지 않았던지
한낱 철딱서니 없던 소년

질기디질긴 목숨을 걸고서
지극한 위선을 부리는 사내

세상을 위한 무엇이 우선인지
자존감을 벗어버린 여인

일체의 하늘은 까마득하고
모두의 대지는 광활할진대

우울한 사상을 붙잡고
자유를 노래하는 나그네

테러

기저층으로부터 테러를 입었다
그들에게 밉보여 바보가 되었다
어느 주변에서나 볼 수 없었던
허무의 흔적을 버리고 나니
근간의 눈빛마저 차가워졌다
제대로 바라보고 사랑하고 싶었다
세상은 거꾸로 공전하고
고역스러운 악을 지니고 다닌다
누구나 육두문자를 일삼았지만
거룩한 아버지께 넘치도록 경외하였다
눈동자는 하늘을 바라보고 있었으며
머리는 알 수 없는 격분에 싸여 있었다
이제 하직할 수조차 없다
가족이 표류하고
동여매었던 닭똥 같은 핏물이
기어이 아름다운 거리에 흐르고 있었다

처음부터 마지막이었던 너와의 데이트

처음부터 마지막이었던 너와의 데이트
숫기가 모자라 갈음하였던 영혼의 실타래
가만가만 바람결에 땅거미는 얼굴을 떨구고
마침내 터져버린 너와의 열렬한 이해
사람들의 자취를 세어 보았지
다소곳한 품속에 놓아버린 나의 기쁨이여
삭막한 하늘은 흐르고 별빛의 섬광은 요원한데
먹먹한 이별의 어리석음을 접어놓은 채
처음부터 마지막이었던 너와의 데이트

일기(日記)

쥐새끼 같으니라구
불손한 다짐 끝에 그만
혀를 내두르고 말았다
무엇을 위해 궁색하였던가
오직 상생을 위한 유희로 얼룩진 상처
뜻밖의 기우로
재앙의 흔적은 불거지고
빛나는 미래와도 멀어지고 말았다
어리석은 아우성
통한은 대개 합리적인 이유 속에 남아있지 않았다
적자생존의 생리 속에서
무례한 자의 오도(誤導)는 불어나고
타오르는 허울로부터
거만한 자의 허세는
하늘을 삼키우며
어둠 속에서 자라난 꿈은
쓸쓸한 종적을 남길 뿐
모자란 일기 속에서
인생의 자격을 다시 적는다

여름

잎사귀가 하늘거리고
젖은 하늘은 말이 없다
구르는 품격 속에 감추어진 저녁놀
설령 그럴싸한 사정에 잠겨있더라도
가끔은 누군가를 사랑하고 싶고
설익은 이름에 붙잡히고 싶다
스치는 이유에게도 아른거리는 눈동자
가시지 않는 당신의 달콤한 수다에도
흔들리지 않는 청춘의 덫
추억할 수 없는 당신의 입술에
얼큰한 약속을 틀어쥔 채
비단 남아있는 날에도 불구하고
흠뻑 타오르고 싶었다
과연 우리는 여름의 한가운데를 지나고 있었다

장마

바다의 포말 속에 엉긴 너의 얼굴
오늘 이곳에서 너를 보았고 탄식을 잃었다
검푸른 자취를 따라 사선을 넘었고
잃어버렸던 너와의 추억을 꼽아보았다
부글거리는 하늘의 포효에 기울이며
가파른 구도와 더불어 인내하기로 하였다
뜻하지 않았던 허다한 언어들로 인하여
이루지 못하였던 처연한 꿈들이
하늘의 애틋한 별이 되어 빛날 줄이야
운무에 싸인 어리석은 가슴 속에도
청량한 장마는 교만한 세상을 뽐내고 있었다

한옥마을

2,000원만 있으면 되는데

자주 나오세요?
불거진 알리바이
기대는 깨어지지 않았다
노랑머리의 머슴애는
줄곧 여자의 내연남일 터
스스로 결박한 기면으로부터
아가씨의 무릎을 독차지하였던 앵벌이
별다른 노숙에도 아랑곳없이
기어이 여자를 사로잡았다
찢어진 눈꼬리의 그녀는
나의 고막에 파도를 일으킨다

2,000원만 있으면 되는데

벌레

근사허게 숨겼는디
죽은 척허는 모양이
참말로 거시기하네

벌레 끼는 야리꾸리한 계절
기울어가는 앳된 저녁으로부터
담담한 바람은 찾아오네

마음이 산란한 내내
구름을 베어 문 채
한낱 벌레를 뜯어볼 줄이야

부조리

한사코 감추어진 기억 속에
해어진 숙명과 같은 인생
잊을래야 잊을 수 없는
구슬픈 이야기가 숨어 있다

웃음거리에 지나지 않았던
어렴풋한 사변 속에
부서진 젊음은
억세게 꿈틀거린다

위대한 상처들이 모여
굵직한 강물 위를 흐르고
야유의 바다를 이루었다

인내와 보응은
애당초 동류였을까

두 손을 부여잡고
악랄한 세상의 부조리에
저항하여 보지만

가을은 사람의 영혼을 태운다

중독

당신에게 내려놓은 인생
누군가의 운명은 찬란하고 고독하여
빛 좋은 개살구와 같아라
부릅뜬 눈으로 우거진 세상을 건사해보지만
넘치는 풍경은
꿈결에도 빛나는 고향
옥안(玉顔)을 적시는 궂은 비를 맞으며
무슨 일인가
나에게 닥친 우수(憂愁)는
가을을 사르고
눈부신 로맨스를 품는다
마침내 번지는 추이를 좇아
중독된 세상을 밝힌다

시작

사랑이라고 우려했나 봐
웃으며 너를 보냈어야 했는데

어떠한 상상 속에도
결단코 너를 잊은 일은 없었어

누구하고도 비교할 수 없는 너를
값진 세상을 버리고서야 알았어

격렬한 악몽의 끝에서
간직하고 간직하였던 사람

눈물을 비롯하여 사그라든 미래
우린 어디서부터 시작해야 하는 걸까

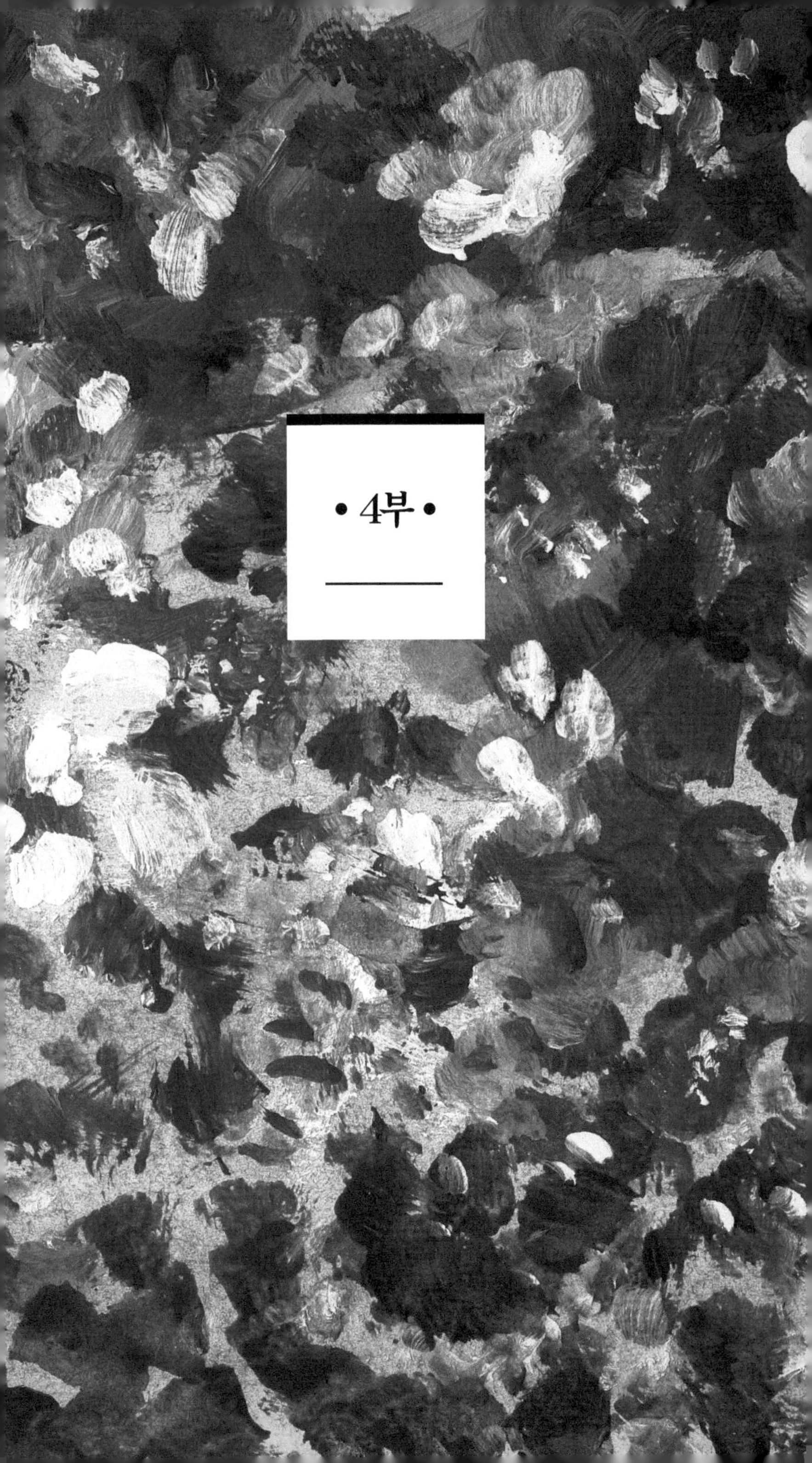

• 4부 •

약속

차가운 가슴을 후비는 강렬한 구속
충만한 시각을 통하여 자유롭게 하소서

테라스 밖으로 넘쳐나는 자유
모쪼록 익어가는 하늘 아래
나의 성정은 무료하게 시들어갑니다

묻어가는 인파의 하나로 만족합니다
세상의 끝 불가역 한 그들을 향하여
눈부신 섭리를 부어주소서

불통 속에 드러나는 사그라진 믿음들이
회복의 물결 속에 융통될 수 있기를 원합니다

검은 터널의 끝에서 오직 격렬한 불꽃으로
교만한 오도(誤導)로부터 회복되게 하소서

진리의 세상 가운데 서려 있는
거룩한 약속을 추억하며
빛나는 하늘의 영광을 누리게 하소서

웃음

결코 환영받지 아니할 조작

한 떼의 무리는 이따금 웃고 있었다

어떠한 의혹에도 부끄럽지 않은 얼굴

결벽한 거울을 들여다보며 말끔히 닦아도 보았다

누군가는 유난한 눈초리로 주목하고

모자란 지각 속에 박힌 세 치 혀를 번뜩이기도 하였다

위대한 사변은 무너진 나에게 발작을 일으킬 만한 테러가 아닐 수 없었다

웃음, 반드시 그 생태의 정의를 묻는다

추문거리로 전락한 나의 이름은

무고한 인간으로서 지난 세대에 가슴을 담보하고 말았다

군중 속의 고독

낭인들은 나를 한낱 어수룩한 괴수로 좌시하지 않았다

천박한 웃음 속에 몰락해 가는 한 마리의 철새와 같이 의문들은 추락하고 있었으며

바람직한 출현 속에 무디어진 발걸음을 억척스럽게 내딛고 있었다

한옥마을 2

형, 안녕하세요
어, 얼마 만이야 산책 나왔구나
어떻게 몸은 나아지셨어요?
그럼 나야 좋아졌지
경아 소식은 들으셨어요?
글쎄…
임용고시 준비한다고 들었어요
연락처라도 전해드릴까요?
응, 아니…
그러면 또 뵐게요
그래…

모든 것이 그립고 아쉬웠다

하이에나

비굴한 웃음을 흘리고
바람직한 요람을 흔들어
막다른 세상에 신념을 찢어발기는
괴리의 그림자

감감한 어둠을 무너뜨리고
무뢰한 대지의 넉살을
가슴으로 인내하며 고이고이
간직하였던 하늘

부조리한 허세를 무너뜨리고
사그라든 불씨를 키우며
사람에 대하여 인생에 대하여
사근사근 이야기한다

새벽

안개 속에 손사래 치는 빛의 아우라
하늘이 뿌옇다 한들 새벽은 곡해 없이 밝아온다
하루의 시작을 단장하고 사색을 기다리는 시간
희끄무레 닥쳐오는 착시만이
파릇파릇 여명을 일으킨다
호젓한 기운은 어디서 찾아오는 걸까
천박한 새벽의 눈요깃거리는
일상의 화두를 흔들어놓고
불안을 저지르는 어둠마저도
대지 위에 한숨을 풀어놓는다
이제는 박약한 인생을 회개해야 할 시간

새야 새야

추락한 일기에도
정직한 흔적을 찾아
멀리멀리 떠나는 새야

칼바람에도
눈보라에도
너의 본질은 무엇을 이야기하고 있는지

새야 새야
꽁꽁 얼어붙은 대지 곳곳에
새로운 기대와 내일을 담아
자혜로운 꿈을 펼치거라

공장

지붕과 컨테이너 건너
멋쩍게 희미하게
무너진 얼굴을 밝히는 햇살
새벽마다 움켜잡는 다짐이 어수선하지만
오직 아스라한 공기를 맛보고 싶었다
먹진 하늘은 불타오르고
떳떳한 일거리를 찾아
부디 가다듬고 인내하여야 한다
부당하고 천박한 눈물과 멀어져야 할 세상
이제 모든 걸 올인해야 할 시간

시작 2

화장실이 생각났다
부패와 분뇨로 낭자한 그곳
시대의 준엄한 각오가 결연히 짝을 이룬다
갈라선 하늘에 번지는 태양의 향연
결코 희구하지 않은 관념
어떤 진실에는 곡해가 있으며
다부진 사리(事理)들을 흔들어놓는다
뼈대는 없으며 허울 좋은 껍데기일 뿐
달걀 프라이와 우유
그리고 담배 한 모금
하루의 시작

백여시

새벽에서 저녁까지
심금을 울리는 황홀한 고백
부쩍 예리한 화술로 하루를 할퀸다
죽이 맞는 타이밍과
보잘것없는 이야기를 따라
하루를 내지르는 끝판왕
육감을 오도(誤導)하여
지칠 줄 모르는 망념으로
자욱한 탐욕의 얼굴을 뒤집어쓴
그대의 이름이야말로
백여시

출근길

객사의 기와에 웅크린 텃새
아릿하게 빛나는 별
무거운 출근길에 오늘도
오락실은 아름다운 가락에 춤을 춘다
오한에 길들어진 기억들이
낭자하게 육신을 따라 흐른다
거리에 지핀 네온사인의 일과도 고개를 접고
엉클어진 하늘은 싸라기눈을 날린다
허기진 마음이 보이지 않는 별을 쫓는다
붉거진 새벽과 만나는
출근길은 간혹 냉혹하다

*** 객사: 전주시 충경로에 위치한 조선시대 사신의 숙박시설**

봄눈

어떡하든 시간은 흐른다
얼굴을 때리는 바람에게 묻는다
진눈깨비로 갈아입고
봄을 지워버린 한파에
파리한 겨울의 끝자락을 좇는다
불어나는 의문의 쇼크
만신창이가 되어
너덜거리는 가슴을 쓸어내린다
불의의 까닭은 없다
오직 감격 없이 눈을 밟으며
창백한 분노의 연기를 뿜는다
갈급한 하늘을 향하여
한결 무례한 미소를 짓는다

입술

끼니를 때우고
언어를 저지르며
비수와 같은 말들을 마음 밭에 뿌린다
불순한 비난을 얼굴에 뽐내며
적나라한 가슴엔 스크래치를 남긴다
보란 듯이 이성과 키스를 나누며
비로소 가난한 사랑을 꿈꾼다

허다한 독설이야말로
폐부를 찌르며
잠자는 이성을 흔들어
늘어선 진리와 역행한다
험난한 시간을 추슬러
오직 곧은 길을 걸어온
나의 입술에게도 축복을

아저씨

오 척 단구의 어르신이 사라졌다
푸른 새벽과 호응하고
같은 버스에 동승하며
각자의 길을 향해 퇴장하는
어르신과의 거래는 여기까지일까
번거롭던 천식이 우발하여
건강에 적신호가 켜진 것은 아닌지
가벼운 눈인사를 나누어도
무관심 속에 살았던 시간
인생에 대해 관대하여
정금같이 빛나던 아저씨
내일은 뵐 수 있겠지

정화조 차

무의식 간에 출현하여
행운의 징표가 되어주고
무거운 예지를 날려버리며
청량음료와 같이 빛나던
계시의 바람

비둘기

두려움이 없는 비둘기
하찮것없는 부스러기에도
탐닉과 고집에 사로잡혀
새파란 아침과 벌이는
일생일대의 모닝 뷔페

봄꽃

가느란 바람이 분다
꽃들이 부서진다
늦어진 봄꽃은
세월을 삭히고
발랄한 교태를 자아낸다
불구(不久)의 인생에 있어
호사(好事)만 있겠느냐만
눈동자에 불을 틔우고
봄날의 쾌락을 일거에 불사르는
입술의 잔인함에 비할까
가벼운 영혼을 이끌고
어리석은 처세를 좇아
헛물만 들이키는 그림자
눈부시게 이글거리는 다이아몬드처럼
봄의 향연을 만끽하여라

詩集 〈당신과 나의 청춘〉 發刊에 즈음하여

수필가 **李信九**

나는 수필집은 몇 권 발간했지만, 시는 써본 적이 없다. 詩란 《深奧한 思惟의 산물》이라 가이 범접하기 어렵다고 생각했기 때문이었다.

그런데, 대학에서 국문학은 전공했지만, 20대 젊어서부터 창작에 어려운 질환을 앓아, 글 쓰는 일은 포기한 줄 알았는데, 은근과 끈기, 그리고 집념과 노력으로 이것저것 포기하지 않고 도전하는 정신을 보고, 참 대견하다고 격려한 바 있다.

'삶은 도전'이라는 말이 떠오른다. 아들의 방엔 언제나 산더미 같은 책이 가득하다. 처음엔 책 속에 묻혀 지나다가 수필을 써보고, 시도 써보고 단편 소설도 도전해 보더니, 수필등단, 시등단, 그리고도 부단한 노력을 그치지 않았다.

나도 평생을 교단에서 보냈고, 많은 책도 읽었지만, 작품이 어떻다는 평도 할 수도 없고, 그럴 만한 식견도 부족하기 때문이다.

다만 여러 가지 어려운 환경을 딛고 시집을 발간한다니, 격려하는 글을 몇자 적어 본다. 詩集 '당신과 나의 청춘'을 발간한다 하니 주변 인척, 친구들이 한편 놀라고 칭송을 아끼지 않는 바이다. 그러나 '바람에 흔들리지 않고 피는 꽃이 어디 있더냐' 하는 글귀가 생각난다. 이제 더욱 정진하여 새 삶을 개척하고. 늦었지만 아들에게도 찬란한 앞길이 비춰지길 바란다.

2025. 4. 21

당신과 나의 청춘

초판 1쇄 발행 2025년 6월 2일

지은이 이경후

펴낸이 임병천
펴낸곳 책나무출판사
출판신고 2004년 4월 22일 (제318-00034)

주소 서울시 영등포구 신길3동 325-70 3F
전화 02-338-1228 **팩스** 0505-866-8254
홈페이지 www.booktree.info

ISBN 978-89-6339-753-5 03810